Olympia

Olympia

Olympia

Olympia

Olympia

Olympia

Olympia

Olympia

Olympia

Olympia

Olympia

Olympia

www.ingramcontent.com/pod-product-compliance
Lightning Source LLC
LaVergne TN
LVHW060139080526
838202LV00049B/4027
* 9 7 8 3 3 4 7 0 2 5 6 4 6 *